キャリア教育に活きる！

仕事ファイル

センパイに聞く

5 フードの仕事

レシピサービス運営
調理師
菓子開発者
パティシエ
フードコーディネーター
農家

⑤ フードの仕事

Contents

File No.25
レシピサービス運営 ……… 04
岡根谷実里さん／クックパッド

File No.26
調理師 ……… 10
古屋聖良さん／学士会館

File No.27
菓子開発者 ……… 16
杉山ひかりさん／明治

File No.28
パティシエ ……… 22
藁谷泰久さん／ウェスティンホテル東京

キャリア教育に活きる！ 仕事ファイル

File No.29
フードコーディネーター ㉘

北嶋佳奈（きたじまかな）さん

File No.30
農家 ㉞

寺尾卓也（てらおたくや）さん／在来農場（ざいらいのうじょう）

仕事のつながりがわかる
フードの仕事 関連マップ ………………………………… ㊵

これからのキャリア教育に必要な視点（してん）5
食は科学である ………………………………… ㊷

さくいん ………………………………… ㊹

※この本に掲載（けいさい）している情報（じょうほう）は、2017年4月現在（げんざい）のものです。

File No.25

レシピサービス運営
Recipe Sharing Service Director

クックパッド
岡根谷実里さん
入社3年目 26歳

おいしい料理は
人を幸せにしてくれます。
そのお手伝いを
したいんです

インターネットには、さまざまな料理のレシピが紹介されています。自分のつくった料理のレシピを投稿できるクックパッドは、はば広い人々に毎日利用されています。そのクックパッドの運営にたずさわっている岡根谷実里さんにお話をうかがいました。

Q レシピサービスの運営とはどんな仕事ですか?

だれでも気軽に料理のレシピ(調理法)を投稿したり、検索したりできる「クックパッド」というインターネットサービスを運営しています。わたしが担当しているのは、そのレシピ検索の部門です。レシピ検索とは、クックパッドで「お弁当」や「さっぱり」などのキーワードを入力すると、あてはまる料理のレシピを探すことができるシステムです。検索する人にとって、より使いやすいサービスになるよう、利用者からの反響を参考にして、サービスをつくっています。

例えばこれまでに、「さっぱり」というキーワードで検索した場合、料理名に「さっぱり」という言葉がついているレシピとともに、豚しゃぶや酢の物などのレシピも見つかるような仕組みを考えました。こうしたシステムの改善にチームで取りくんでいて、わたしはディレクターとよばれるまとめ役をしています。

「チームでの打ち合わせでは、みんなが意見を言いやすい雰囲気づくりを心がけます」

Q どんなところがやりがいなのですか?

クックパッドのレシピを見た人が、楽しみながら料理をつくっている場面を想像すると、やりがいを感じます。

クックパッドで紹介しているレシピを見て料理をつくった人が、できた料理の写真や感想を投稿できる機能があるんです。そこに「家族にも大好評でした」などという感想が書かれていると、料理を通じて食卓に笑顔が生まれているんだなと実感します。そんなとき、この仕事をやっていてよかったと思います。また、家族や友人がクックパッドを見て、料理が楽しくなったと言ってくれるのもうれしいですね。わたしの母も、レシピの感想をよく伝えてくれるんです。

用語 ※ITエンジニア ⇒ 利用者にとって楽しく、便利であるために、どのようなサービスが必要かを考え、いろいろな技術やプログラムを組みあわせて形にする人。

Q 仕事をする上で、大事にしていることは何ですか?

自分でも、クックパッドを積極的に利用しています。

例えば「お弁当」、「かんたん」という2つのキーワードで検索する場合でも、お弁当を短時間でつくりたい人が求めるレシピと、お弁当を少ない材料でつくりたい人が求めるレシピはちがいます。自分で実際にレシピを投稿したり、検索したりすると、こうした細かい部分に気づくことができて、便利にするためのヒントになるんです。会社には大きなキッチンがあるので、そこでクックパッドのレシピを見ながら同僚たちと料理をつくってみることもよくあります。

投稿されたレシピを、会社のキッチンでつくってみることもある。写真は手巻き寿司をつくっているところ。

岡根谷さんの1日

- **08:30** 出社。前日のクックパッドの検索結果や、自分が手がけるプロジェクトへの反応をまずチェックする。そのあともデスクワーク
- **12:00** ランチは、外食するか、社内のキッチンでつくって食べる
- **13:00** 社内で会議をしたり、同じチームのITエンジニア※と打ち合わせをしたりする
- **18:30** 退社。外食することもあるが、週の半分は家でご飯をつくる

Q なぜこの仕事をめざしたのですか？

おいしいものを食べて怒りだす人は、まずいませんよね。おいしい食事が人を幸せにするのは、世界共通です。だから、料理を通じて人が笑顔になるお手伝いをしたいというのが、この仕事を選んだ理由です。

大学時代は、開発途上国の人たちの生活を支えたいと考え、土木工学を学んでいました。大学院に進学後、オーストリアに留学していたとき、インターンシップ※で、ウィーンの国連機関で働きました。そのとき、ケニアに大豆の加工工場をつくるプロジェクトに参加し、3か月間ほどケニアの大豆農家にホームステイさせてもらったんです。そこで感じたのは、1日の終わりに家族全員が集まって食べる夕ご飯が、どんなに幸せな時間なのかということ。食材が豊富にあるとはいえないのに、お母さんが工夫しておいしいおかずをつくり、家族みんながニコニコして食べていました。

だれもが自分のまわりの人を幸せにすることができる、料理に関わる仕事がしたい。そう考えるようになったとき、クックパッドが「毎日の料理を楽しみにする」というビジョンを掲げていると知って、「これだ！」と思いました。

Q 仕事をする上で、むずかしいと感じる部分はどこですか？

チームの能力を最大限に発揮させるためにはどうすればいいのか、それをいつも考えていますが、むずかしいですね。クックパッドでは、インターネットの技術的なことを担当するITエンジニアたちと技術以外のことを担当するディレクターが、チームになって新しい企画やサービスを考えます。ディレクターは、チーム全体を取りまとめるのが仕事です。

だから、決められた時間や枠組みの中で、みんなが同じ目標に向かって気持ちよく働けるような環境づくりを、いつも心がけています。

Q 今までにどんな仕事をしましたか？

入社してすぐは、クックパッドのレシピを投稿する人のためのサービスを考える部署にいました。

そのあと、技術研修を受けて、クックパッドのサービスがどのようにつくられているのか、また、どういう使い方ができて、どんな情報を知ることができるのかなどについて学びました。

そして現在のレシピ検索の部署に移りました。今は、入社したときから希望していた海外事業にも関わるようになり、英語やインドネシア語、アラビア語圏の国など、外国の人に向けたレシピ検索の仕事も担当しています。

ケニアでは、8人の大家族の農家にホームステイした。右の写真で岡根谷さんが着ている服は、家族からプレゼントされたケニアの民族衣装。

パソコンに向かって仕事。レシピサービスでどんな新しい企画やサービスができるか考えるには、サービスのしくみをよく知らなくてはいけない。

用語 ※インターンシップ⇒大学生が実際に企業で働く「就業体験」ができる制度。

PICKUP ITEM

クックパッドのサービスでどのように見せるか、思いついたアイデアを書くレポート用紙。文字だけでなく、図やイラストも書きやすいので、方眼罫のものを愛用している。

・レポート用紙・

Q これからどんな仕事をしていきたいですか？

世界の食卓に関わる仕事を増やしていきたいです。

今は、海外向けのクックパッドの仕事をしているのですが、インターネットでは言葉の通じない外国の人ともつながりあうことができます。その人のつくった料理がまわりの人も幸せにしていると感じられると、本当にわくわくするんです。

料理を通して、世界中の人の生活に関わり、食卓に笑顔を増やすお手伝いがしたいですね。

海外向けのサービスの仕事をするときは、外国の料理について調べることも多い。

Q ふだんの生活で気をつけていることはありますか？

興味のある場所に積極的に出かけたり、いろいろな人と会ったりして、世の中のことを広く知るように心がけています。仕事のためでもありますが、わたし自身、いろいろな考え方にふれられるのが楽しいんです。

生活が仕事だけになってしまうと、世の中の多くの人の感覚からずれた、ひとりよがりなサービスになってしまいかねません。料理が好きでなくても、クックパッドを知らなくてもいいんです。なるべく外に出て、いろいろな人の声にふれたいと思っています。

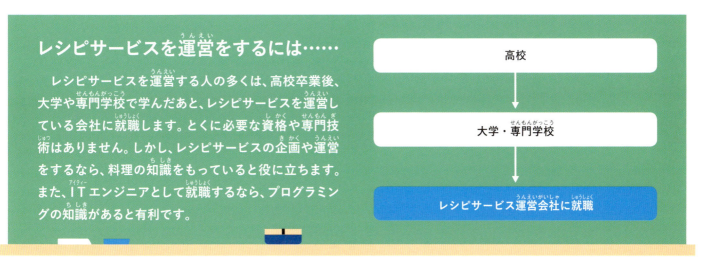

レシピサービスを運営をするには……

レシピサービスを運営する人の多くは、高校卒業後、大学や専門学校で学んだあと、レシピサービスを運営している会社に就職します。とくに必要な資格や専門技術はありません。しかし、レシピサービスの企画や運営をするなら、料理の知識をもっていると役に立ちます。また、ITエンジニアとして就職するなら、プログラミングの知識があると有利です。

高校
↓
大学・専門学校
↓
レシピサービス運営会社に就職

※ この本では、大学に短期大学もふくめています。

Q レシピサービスを運営するにはどんな力が必要ですか?

好奇心と、困難があってもあきらめずに挑戦していく力が必要だと思います。

わたしは今、「料理」と「インターネット」というジャンルで世界と関わって仕事をしていますが、日々新しいできごとが起こって、同じことのくりかえしはほとんどありません。時代がものすごいスピードで変化しているのを感じます。そのなかで、わくわくする気持ちをもちつづけることがとても大切です。また、何か問題が起こっても、根気強く解決しようという意志があれば、この仕事をうまくやっていけると思います。

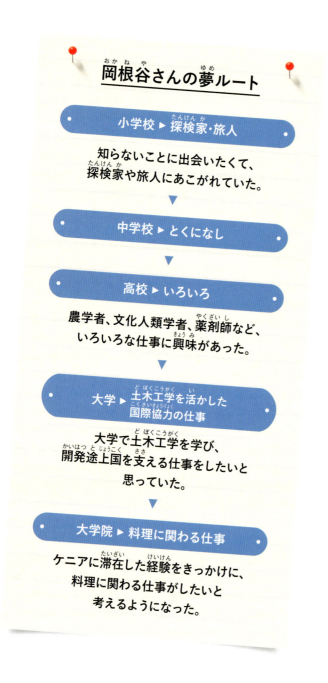

岡根谷さんの夢ルート

- 小学校 ▶ 探検家・旅人
  知らないことに出会いたくて、探検家や旅人にあこがれていた。
- 中学校 ▶ とくになし
- 高校 ▶ いろいろ
  農学者、文化人類学者、薬剤師など、いろいろな仕事に興味があった。
- 大学 ▶ 土木工学を活かした国際協力の仕事
  大学で土木工学を学び、開発途上国を支える仕事をしたいと思っていた。
- 大学院 ▶ 料理に関わる仕事
  ケニアに滞在した経験をきっかけに、料理に関わる仕事がしたいと考えるようになった。

Q 中学生のとき、どんな子どもでしたか?

子どものころは、新しいことを知るのが楽しくて仕方ありませんでした。何にでも興味があったし、やってみたいことがたくさんありました。勉強では、とくに英語が好きでしたね。上達すればするほど、読めるものが増えていったからです。

何かを手づくりすることが好きで、学校が終わって家に帰ってからもいろいろな手作業をしていました。手芸をしたり、庭で野菜を育てたり。ペーパークラフトで何か月もかけて大作をつくったこともあるんですよ。

「母が、家庭菜園、手芸、料理など、さまざまなことを体験させてくれました」と岡根谷さん。写真の浴衣も、お母さんが着付けてくれた。

中学時代に趣味にしていたペーパークラフトの大作、トルコのスルタンアフメト・モスク。

Q 中学生のとき、料理に興味はありましたか?

母といっしょに、よくご飯やお菓子をつくっていました。母は手をぬかずに、ていねいに料理をする人で、おいしいものをつくるためにはとても手間がかかるということを、母から学びました。例えば、ゆで野菜ひとつにしても、庭でとれた野菜はどろを落とすのも大変ですし、電子レンジを使わずにゆでるのは手間がかかります。でも、そうしてつくったゆで野菜は、甘みが出て本当においしいんです。素朴に見える料理でも、たくさんの手間がかかっていることを、母といっしょに料理して初めて知りましたね。

Q 中学のときの職場体験は、どこに行きましたか？

病院に行って、看護師さんの仕事を手伝いました。わたしの親は、医療関係の仕事をしているんです。だから、親の仕事はどんなものなのか知りたいという気持ちがあったのかもしれませんね。

何人かでグループになって、白衣を着て、入院病棟に行かせてもらいました。もちろん医療行為はできなかったので、看護師さんについていって、検温のお手伝いをしたり、お年寄りの入院患者さんの話し相手になったりしたことを覚えています。

Q 職場体験では、どんな印象をもちましたか？

いちばん記憶に残っているのは、お年寄りの話し相手をしていたら、その人がとても喜んでくれたことです。何か特別なことをしたわけではありません。ただそこにいて、お話をしただけです。

そのときは、自分にも人を笑顔にさせることができると気づいて、感動しました。それで、おとなになったら、まわりの人を楽しく笑顔にさせる人になりたいと思ったんです。

ふりかえってみれば、このときの感動が今の仕事につながったように思えます。

Q この仕事をめざすなら、今、何をすればいいですか？

家族となるべくたくさんの時間を過ごしてください。わたしも子どものころは、家族といっしょにいろいろなところへ出かけたり、ご飯を食べたり、ものをつくったりしました。そういう日常の経験や、家族に教えられたことが、今の自分の核になっている気がするんです。

語学や専門的な技術の勉強は、必要になってから始めてもおそくありませんし、おとなになると、家族との時間はなかなか取れなくなってしまいます。だから今のうちに、家族とおいしい食事をとって、楽しい時間を過ごすことの幸せを感じておくといいと思うんです。

料理を通して世界の人を笑顔にするお手伝いをしたい

－ 今できること －

 ふだんの暮らし

簡単なものでかまわないので、自分で料理をしてみましょう。また、ふだんご飯を食べるときにも、その料理にどんな材料が使われているのか、どのように調理されているのかを、つくった人に聞いたり、調べたりしてみるのも勉強になります。

さらに、インターネットのいろいろなレシピサービスを見て、実際にレシピを検索してみましょう。できれば、自分でもレシピを見ながら料理をつくり、サービスがもっと使いやすくなる方法を考えてみるとよいでしょう。

 国語 チームで仕事をすることが多いので、相手の意見を聞き、自分の意見を伝える力をつけておきましょう。

 社会 料理をより理解するには、その料理が生まれた地域の気候や土地のようす、歴史、文化について知っておくことが役に立ちます。

 家庭科 食物の栄養についての知識を学べます。また調理実習では、基本的な料理のつくり方も学ぶことができます。しっかり覚えておきましょう。

 英語 外国の料理について調べたり、外国の人とやりとりをするには、語学が必要になります。中学の英語はその後の勉強の基礎になるので、きちんと学びましょう。

File No.26

調理師
Cook

学士会館
古屋聖良さん
入社5年目 27歳

料理の道は毎日の
積みかさねが大事。
近道はありません

おいしい料理は、食べる人を幸せにします。そんな料理をつくるには、長い時間をかけて身につける料理の技術や知識が必要です。そこで、日本代表として国際料理コンクールに出場したフランス料理の調理師、古屋聖良さんにお話をうかがいました。

Q 調理師とはどんな仕事ですか？

料理をつくってお客さまを幸せにする仕事です。わたしの専門はフランス料理です。

おいしい料理をつくるのはもちろん、美しく盛りつけるには、プロとしての技術が必要です。また、栄養や食品衛生など、食についての総合的な知識も求められます。

わたしのつとめる学士会館では結婚式や同窓会のような大きなパーティがよく開催されます。わたしの部署は、そこで出す料理をつくっているんです。

仕事は、料理長を中心にした13〜14人のグループで行います。わたしはその中のオードブル（前菜）の担当です。野菜や肉、魚を切って盛りつけたり、テリーヌ※をつくったりしています。

Q どんなところがやりがいなのですか？

昨日できなかった料理が、今日は自分の手でつくれるようになると、自分の進歩が見えてやりがいを感じます。

料理は試行錯誤の連続なんです。料理長から「明日はこれをつくって」と、初めての料理のレシピをわたされることもあります。また、初めての素材をあつかうときは、切り方に工夫が必要だったり、加熱の仕方が今までとちがったりと、新しいことが次々と出てきます。

そうやって壁にぶつかったとき、先輩に聞いたりしながら、最後には自分でつくれるようになると、うれしいですね。

Q 仕事をする上で、どんな工夫をしていますか？

まわりを見ながら仕事をすることです。先輩の料理法や調理器具のあつかい方でいいと思ったものがあれば取りいれ、同僚や後輩の動きを見て、効率の悪いところがあれば、直してあげることを心がけています。

もうひとつは、時間を意識することです。料理の仕込みでも盛りつけでも、大切なのは「速く、きれいに、おいしそうに」つくることです。いくらきれいにつくっても、時間がかかりすぎたら、パーティ全体の進行は止まってしまいます。調理師として、料理の完成度も、提供する時間の速さも意識して仕事しています。

野菜を手際よく切っていく古屋さん。翌日の料理の仕込みとして、午後からこの作業を行う。

お酒をふりかけたあと、火でアルコール分を飛ばして香りづけする。フランス料理では、必要な技術。

古屋さんの1日

- 08:00 厨房に入る。前日に仕込んだ素材を使って、その日のパーティに出す料理をつくる
- 13:00 昼休み
- 14:00 次の日の料理の仕込みを行う
- 20:00 退社。いそがしいときはもう少しおそくなる。帰宅後に料理の勉強をすることもある

用語 ※テリーヌ ⇒ 魚や肉、野菜をすりつぶしたり、きざんだりしたものを型に入れて固めたフランス料理。

Q なぜこの仕事をめざしたのですか？

じつは、大学では経済を学んでいました。就職活動では金融関係の会社をまわりましたが、なかなか希望する会社に就職が決まらなかったんです。そのうち、それが本当に自分のやりたいことなのかわからなくなってしまいました。

そして、改めて「自分が本当にやりたいことって何だろう？」と考えたとき、まっさきに思いうかんだのが、食にたずさわる仕事でした。昔から食べることが大好きだったからですかね。それならば、料理を仕事にしたいと思ったので、思い切って専門学校へ通うことにしました。料理店に弟子入りするのではなく、進学することを選んだのは、専門学校の方が日本料理・洋食・中国料理を基礎から学べて、自分の調理師としての土台をつくることができると思ったからです。

Q 今までにどんな仕事をしてきましたか？

厨房では、調理師の経験や適性によって、担当が決まっています。わたしは、初めの半年くらいは、メイン料理のつけあわせ料理をつくっていました。作業は、野菜を切ることとゆでることがほとんどです。

そのあと、現在のオードブル（前菜）を担当させてもらって、野菜の切り方や冷製料理の肉や魚の盛りつけ方などを覚え、料理のはばを広げていきました。今、5年目です。これからはブッチャーとよばれる、肉や魚をあつかう仕事をしてみたいです。ブッチャーになって、魚をおろしたり、肉の下ごしらえをしたりして、料理のうでをみがきたいですね。

古屋さんがつくったオードブル。味はもちろん、見た目も美しく盛りつけるのが調理師の仕事。

Q 料理のうでをみがくために挑戦していることはありますか？

2016年10月にイタリアで開催された30歳以下の若手料理人の中から世界一を決める国際料理コンクール「サンペレグリノ ヤングシェフ2016」に、日本代表に選ばれて参加したんです。きっかけは、料理長にすすめられたことでした。

コンクールまでは、仕事を終えたあと練習の毎日でしたね。本番では、鴨をまるまる1羽さばいて「日本の四季」を表現しようと思っていたのですが、わたしには、鴨をさばいた経験がなかったんです。なので、そこは念入りに練習しました。残念ながら入賞はできませんでしたが、とても刺激的な経験になりました。

世界大会に出場した古屋さん。世界から選ばれた20名と競いあった。下の写真は古屋さんの作品「Four Seasons in Japan（日本の四季）」。

Q 仕事をする上で、むずかしいと感じる部分はどこですか？

材料の切り方や火の通し方など、先輩たちが簡単にやっていることでも、自分がやってみるとうまくできないことがたくさんあります。頭ではわかっているんですけど、自分の技術になっていないんですね。

それを解決するには、やっぱり経験を積むしかないです。今は昔とはちがい「見て覚えろ」という先輩はあまりいません。だから、先輩にやり方を聞いてみて、自分で何度も練習して覚えます。このくりかえしです。

Q ふだんの生活で気をつけていることはありますか？

休みの日には、体力をつけるために小さいころから習っていたバレエやヨガに通っています。

お昼の休憩をのぞいて、わたしたちは1日中立ちっぱなしで料理をつくるので、体力がなくてはつとまりません。

いそがしい時期は、帰りが夜おそくなることも、出勤が早くなることもあります。クリスマスや結婚シーズンなどがとくにいそがしい時期ですね。へとへとになってしまうと、集中力がなくなり、よい料理もつくれませんからね。健康には日々気をつけています。

Q これからどんな仕事をしていきたいですか？

海外に興味があるので、海外のお店で働いてみたいです。わたしはフランス料理をつくっているのでフランスはもちろんですけど、アメリカやイギリスなど英語圏の国でも、わたしがつくった料理を食べてもらいたいんです。

言葉が通じなくても料理は共通の言葉です。おいしい料理を食べて幸せそうなお客さまの顔を見たいです。

世界大会を経験したことで、海外への思いが強くなりましたね。

牛刀
ペティナイフ

PICKUP ITEM

古屋さん愛用のナイフ。上の大きな牛刀で野菜や肉を切り、下のペティナイフで野菜の皮をむくなど、細かい作業をする。

包丁は、切れ味が鈍ったら自分で研ぐ。道具を手入れするのも調理師の仕事のひとつだ。

調理師になるには……

調理師になるにはおおまかに分けて2通りの方法があります。ひとつは調理師学校に入り勉強して調理師免許を取る方法、もうひとつは飲食店などで2年以上実務経験を積んだあと、調理師試験を受ける方法です。基礎からいろいろなことを学びたければ調理師学校に、日本料理など、長い下積み期間が求められる調理師なら、見習いとして働いて調理師免許を取るとよいでしょう。

中学校・高校・大学
↓
調理師学校で資格を取得 ／ 飲食店で勤務
↓ ／ ↓
　　　　　　　　　　　調理師試験
↓ ／ ↓
独立 ← 飲食店で勤務

先輩の調理師の話を聞く古屋さん。「仕事場では、小さなことでも聞きのがしたり見のがしたりしないようにしています」

Q 中学生のとき、どんな子どもでしたか?

からだを動かすことが好きな子どもでした。中学校では部活に入っていませんでしたが、放課後は友だちとバレーボールやバスケットボールをしていました。学校の球技大会のときは、わくわくしましたね。調理師の仕事は体力勝負なので、スポーツ好きだったことが多少は役に立っているのかな、と思います。

勉強は、英語が得意科目でした。家庭教師の先生に英語を習っていたんです。ただ、読み書きだけで、話す方はまだまだなので、もし海外で仕事をするなら、英会話の力をみがかなくてはいけないなと思っています。

Q 初めて料理に興味をもったのはいつでしたか?

子どものころ、休みになると、家族でよく静岡県の伊豆のペンションに行っていたんです。オーナーの人と仲良くなって、料理をつくっているところを見せてもらったり、ピザ窯があったので、ピザのつくり方を教えてもらったりしました。

自分が焼いたピザを家族といっしょに食べて、「おいしい!」と言ってもらえたときは、うれしかったですね。そのときの体験が、今の仕事の原点になっていると思います。

Q 調理師になるためにはどんな力が必要ですか?

言われたことを着実にやりとげるまじめさと、それを継続していく力ですね。早くうまくなりたいとあせったり、近道しようと思ったりしてはだめ。料理は少しずつしかうまくなりません。

毎日コツコツやっていれば、自分が成長して、まわりの見る目も変わってきます。日々の努力が認められ、信頼を得られれば、次の段階へステップアップすることができます。そうやって周囲の信頼を得ることが大切ですね。

古屋さんの夢ルート

- **小学校・中学校 ▶ 保育士**
  いとこが保育士で、あこがれていた。
- **高校 ▶ 金融関係の仕事**
  銀行員など、お金に関わる仕事をしてみたかった。
- **大学 ▶ 金融関係の仕事→調理師**
  就職活動がうまくいかなかったとき、自分が本当にやってみたいことを改めて考えて、料理を仕事にしようと決めた。

中学時代、伊豆の一碧湖のほとりのペンション「犬の家」で。「わたしが通っていた学校は職場体験がありませんでしたが、ここでのピザづくりの思い出が調理師になるきっかけになったと思います」

Q 学校では、どのようなキャリア教育を受けましたか？

わたしが通っていた学校のキャリア教育は、職場体験という形ではなく、クラスで自分たちの性格について話しあったり、身近なおとなや先輩たちの話を聞いたりしながら、将来について考えるという形で行われていました。

夏休みは、まわりのおとなに仕事についてインタビューして、文化祭ではレポートを書いて、自分と社会との関わり方について勉強します。

そこでは、自分らしさや自分に合った仕事、これからの人生を考えることができました。将来について考えるいい機会になったと思っています。

Q この仕事をめざすなら、今、何をすればいいですか？

中学生くらいの年ごろだと、やりたいことってどんどん変わっていくと思うんです。それなら、何かひとつに決めないで、いろいろ手を出してみてもいいんじゃないでしょうか。とりあえず挑戦してみて、自分に合うかどうか、続けたいかどうかは、あとから考えてもおそくはないと思います。

わたしもやりたいことが定まらない時期はありました。でも、今はこうしてやりたい仕事ができています。何をやるか迷っている人は、とりあえず興味のあることにチャレンジしましょう。遠まわりしてでも、自分に合った仕事、やりたいことを見つけてほしいですね。

Q 学校で学んだことはどう役立っていますか？

わたしの母校は中高一貫校で、校訓は「誠実 勤勉 友愛」というものでした。この校訓は、わたしが今、仕事で大切にしていることにもつながっています。コツコツ地道に積みかさねる、まわりをよく見て協力するというのは、校訓に通じる部分がありますよね。

今まで意識したことはありませんでしたが、同じ教育方針で6年間学べたことは、わたしの物事への取り組み方や、人生の考え方に大きな影響をあたえているように思います。

言葉の通じない国では自分の料理が言葉になる そんな世界で認められたい

ー 今できること ー

ふだんの暮らし
わたしたちは毎日食事をしています。料理を食べるときには、どういう素材を使っているのか、どのようにつくられているのかを意識するようにしましょう。つくった人に聞いてみてもよいですね。

また、いろいろな国の料理にふれることも勉強になります。機会があれば、自分でもさまざまな料理をつくってみましょう。知識や技術がほかの料理に役立つこともありますし、そのなかで、自分が好きな料理やつくってみたい料理が見つかるかもしれません。

社会 歴史や文化は「食」に大きな影響をあたえています。料理の背景を知るのも、おいしい料理に欠かせません。

理科 料理には科学的な知識が不可欠です。調理法や素材によってどういう変化があるのか、知っておく必要があります。

美術 お客さんに料理を楽しんでもらうには、盛りつけやかざりつけも大切です。芸術的なセンスや色彩感覚などを身につけておきましょう。

家庭科 家庭科の調理実習で学ぶことは、包丁などの調理器具の正しい使い方や、栄養バランスなど、調理師になったあとも活きる知識ばかりです。

File No.27

菓子開発者
Confectionery Developer

明治
杉山ひかりさん
入社5年目 26歳

食べた人の
記憶に残る個性と
インパクトのある
お菓子をめざします

たなにならんでいるのを見るだけで、わくわくするお菓子売り場。その商品は、食品メーカーの開発者をリーダーに、たくさんの人たちの協力でつくられています。お菓子の開発者とはどんな仕事なのか、明治で働く杉山ひかりさんにお話をうかがいました。

Q お菓子の商品開発者とはどんな仕事ですか？

お菓子のアイデアを考えて、それが商品としてお店にならぶまでの計画を立てて進行管理する仕事です。

新しいお菓子のアイデアが浮かんだら、そのお菓子を、どんな人に向けてつくるのか考えます。例えば、子ども向けにするのか、それともおとなの女性向けにするのかで、喜んでもらえる味や形、食感がちがってくるんです。お菓子の特徴が決まったら、書類にまとめて社内で会議をします。

お菓子を商品化することになったら、次は研究所で試作品づくりです。研究所の人にお菓子の特徴を伝えて、できあがった試作品を試食します。味や食感がイメージとちがったら、修正点を伝えてまた試作してもらいます。一度でイメージ通りのものができあがることは、まずありません。

すでにある商品をリニューアルする場合でも1年から1年半はかかります。まったく新しい製法で、新商品をつくるとなると、完成まで2、3年かかることもあるんですよ。

また、お菓子のパッケージづくりも開発者の大切な仕事です。デザイナーと相談して、お菓子のイメージや魅力がひと目で伝わるパッケージを考えます。

新しいお菓子のアイデアを思いついたら、形や材料、食感などを書類にまとめる。

まとめた書類をもとに、社内で会議。どの世代の人に向けて売るのかなど、お菓子の特徴を整理して、わかりやすく伝える。

Q どんなところがやりがいなのですか？

時間をかけてつくったお菓子が、商品としてお店にならんでいるのを見ると、うれしいし、やりがいを感じますね。「やっとみんなに食べてもらえるんだ！」とわくわくします。

それが人気商品になればもっとうれしいのですが、こればかりはだれにもわかりません。「こういうお菓子をつくったら売れる」という法則があればいいのですが、それがないのが商品開発の仕事です。でも、だからこそ、いろいろなアイデアを試すことができて、楽しいんです。

Q 仕事をする上で、大事にしていることは何ですか？

いつも、まわりの人が気持ちよく仕事ができるよう、心がけています。

お菓子がお店にならぶまでには、お菓子をつくる工場のスタッフ、カロリーや栄養成分を管理する研究所のスタッフ、パッケージを考えるデザイナーといった、さまざまな人に協力してもらわなくてはいけません。日ごろから、彼らとコミュニケーションをしっかりと取って、気になることがあったら、気軽に言ってもらえるような関係を築いておくことが大切です。また、仕事が無事に終わったときには、感謝の気持ちをきちんと伝えることも大事だと思っています。そこで生まれる信頼関係が次の仕事につながっていきます。

杉山さんの1日

- 09:00 グミをつくるグループの会議
- 10:00 デザイナーとお菓子のパッケージのデザインを話しあう
- 12:00 ランチ
- 13:00 グミをつくるチームでの会議
- 15:00 商品展開の計画の打ち合わせ
- 16:00 デスクで仕事に必要な資料をつくる
- 18:00 退社

Q 仕事をする上で、どんな工夫をしていますか?

あとまわしにしないで、やらなくてはいけない仕事には、すぐ取りかかることにしています。

やるべきことをリストにするのも、ひとつの方法だと思いますが、わたしは「やろうと思ったことは、リストに書く前に、やってしまおう!」という気持ちで仕事をしています。

さっきも話した通り、わたしの仕事はたくさんの人たちの力を借りることで成りたっています。そのため、それぞれの人と、やりとりがすばやくできるように、自分のすべき仕事はできるだけ早めにすませるようにしているんです。

・スケジュール帳・　・パッケージのファイル・

PICKUP ITEM

右は、杉山さんが担当しているグミ製品のパッケージをまとめたファイル。杉山さんが開発したものだけでなく、過去に発売された商品のパッケージもまとめてある。左はスケジュール帳。商品が完成するまでの進行管理に欠かせない。

Q なぜこの仕事をめざしたのですか?

食に関わる仕事にあこがれていて、管理栄養士※やフードコーディネーターを志望していたときもありました。

就職活動のときに、明治が、お菓子やヨーグルト、ベビーフードと、あらゆる世代の人に向けて食品をつくっている企業だと知りました。「子どもからお年寄りまで、だれもが口にする食品をつくるのは、何てすてきなんだろう!」と思って、明治の食品開発者をめざすようになりました。

できれば、自分が身近に感じている食品に関わりたいと思っていたので、大好きなお菓子の開発者になれたときは、うれしかったです。

Q 今までにどんな仕事をしてきましたか?

会社に入ってすぐのころは、営業の仕事をしていました。毎日、何件ものスーパーをまわって、お菓子を置いてもらえるように売りこむ仕事です。ときには、スーパーのお菓子売り場に行って、商品をならべる作業もしました。

営業の仕事を通して、お菓子コーナーではどの種類のお菓子がどんな場所にならべられるのか、また、どんな人が、どんなお菓子を手に取るのか、しっかり自分の目で見て勉強することができました。

今は、お菓子の開発をする部署で、グミ製品の商品開発を担当しています。これまでに、「ポイフル」という、20年ほど前に発売されたお菓子のリニューアルや、「GOCHI」という、新しいグミの開発などを手がけてきました。

お菓子の新商品を考えるときは、営業の仕事で学んだことがとても役立ちますね。

お菓子を買う人が、店頭で手に取りやすいパッケージを考えるのは、とても大切な仕事。デザイナーとアイデアを出しあって考える。

「新しいパッケージのデザインを考えるときは、過去に発売された商品のデザインも参考にします」と杉山さん。デザイナーとの打ち合わせでは、パッケージのサンプルを見ながら議論する。

用語　※管理栄養士⇒高度な知識や技術をもとに、病院などで食事や栄養について指導する人。国の資格が必要。

Q 仕事をする上で、むずかしいと感じる部分はどこですか?

いっしょに仕事をする人たちに、こちらの意図を言葉で正確に説明するのが、むずかしいですね。

商品開発者は、アイデアを出したり計画を立てたりしますが、実際にお菓子やパッケージをつくるのは、工場の人やデザイナーといった方たちです。お菓子の味や形、また、どんな人に買ってほしいと考えているのかなどのイメージを言葉にして伝えなくてはいけません。

こちらの意図がうまく伝わらなかった場合、イメージとちがう試作品やパッケージデザインになってしまうこともあります。そうならないよう、こまめに連絡を取って確認するようにしています。この仕事をするようになってから、日常生活でも、正確な表現を心がけるようになりましたね。

自分だけではできない仕事なので、「チームで動いているんだ」という意識はつねにもっています。

明治は、100年をこえる歴史をもつ会社。「わたしも、多くの人の記憶に残るヒット商品をつくりたいです」と杉山さん。

Q ふだんの生活で気をつけていることはありますか?

何か食べるときは、好奇心をもって味わうようにしています。お菓子以外の食べ物や飲み物に、おもしろいヒントがかくれていることも多いんですよ。

わたしは、グミ系のお菓子を担当していますが、グミの味のバリエーションは、コーラやジンジャーエール、フルーツジュースといった、飲み物と共通しているんです。なので、炭酸飲料やフルーツ味の飲み物は、よく飲んで参考にしています。それから、スーパーやコンビニで、思わず手に取ってしまった商品があったら、パッケージのどんなところに目を引かれたのか、よく考えるようにしています。

Q これからどんな仕事をしていきたいですか?

「こんなお菓子、今までなかった!」と言ってもらえる商品をつくりたいですね。食べた人の記憶にずっと残るような、個性とインパクトのあるお菓子です。

もちろん、何十年も売れつづけるお菓子もつくってみたいです。商品開発部の先輩方には、日本人ならだれもが知っているお菓子を開発した人もいます。近くで仕事するようすを見ていると、あこがれますね。長く愛される商品を開発した先輩は、ふだんから好奇心たっぷりで、何を見ても「これ何だろう?」という視点を忘れないんです。

わたしも、身のまわりのあらゆることからヒントをもらって、自分にしかつくれない商品を生みだしていきたいです。

食品の商品開発者になるには……

必要な資格はとくにありませんが、大学では、食品の安全性や栄養について学ぶ「食物栄養学」を専攻すると役立ちます。また、農学部で、食品の研究を行うコースを用意している学校もあるようです。

多くの食品メーカーは、大学や大学院卒業を条件にしています。また、栄養士や管理栄養士の資格をもっていると、商品開発や研究の仕事をするのに有利です。

高校
↓
大学
↓
食品メーカー、食品試験研究所に就職
↓
食品メーカーの開発者に採用

Q お菓子の開発者になるにはどんな力が必要ですか？

ものごとを前向きに考える力が、とても大切です。

先ほども少しお伝えしましたが、商品の開発者は、いろいろな職業の人と仕事をします。ときには、自分の思いどおりに仕事が進まないこともあります。でも、そのたびに落ちこんでいるわけにはいかないんです。

商品開発者は、まわりの人たちに指示を出す立場です。そのため、わたしがしっかりしていないと、ほかの人の仕事がうまく進まなくなってしまいます。

大変なときも、「みんなで乗りこえるんだ」と気持ちを切りかえることがとても大切です。

ほかには、もちろん、味や香りに敏感なことも大切ですね。またわたしたちは、お客さまがどんなときに、どんな気持ちで食べてくれるかを考えて商品をつくるので、想像力が豊かな人はこの仕事に向いていると思います。

社内で打ち合わせをするときも、「開発者が前向きな気持ちで議論することが大切です」と語る杉山さん。

杉山さんの夢ルート

小学校・中学校 ▶ 専業主婦

世の中にどんな仕事があるのか、よくわかっていなかった。なので、まわりの女の子たちと同じように、「将来はお嫁さんになる」と言っていた。

高校 ▶ 管理栄養士

食べることや料理をすることが好きだったので、食品の栄養について深く知りたくなった。それで、管理栄養士に興味をもった。

大学 ▶ フードコーディネーター → 食品か飲料メーカーでの勤務

就職活動中に、あらゆる世代が楽しめる食品をつくる明治の企業理念に感動。明治の食品開発者として働きたいと思うようになった。

Q 中学生のとき、どんな子どもでしたか？

とにかくからだを動かすことが大好きで、部活動のバレーボールに夢中でしたね。練習はかなりきびしくて、先輩たちにもよくしかられていました。つらいときにも、チームみんなではげましあって乗りこえた経験は、今の仕事にかなり役立っていると思います。

あとは、食べることも好きで、よく料理をしていました。でも、裁縫が大の苦手だったので、家庭科は得意ではありませんでした。それなのに、将来の夢を聞かれると「お嫁さん」と答えていましたね。

「バレーボールに夢中でした。チームでは背が低かったですが、セッターをやっていました」

杉山さんが通っていた中学校は私立の中高一貫校。「受験がなかったので、部活一色の生活でした」

Q 職場体験は、どこに行きましたか？

小学生のとき、地元にある自動車工場へ「職場見学」に行きました。自動車の整備をしてる人や、機械のシステムをつくっている人を見て、ひとつの会社の中でも、それぞれがちがう役割をもっているんだなと思ったのを覚えています。

中学生のときは、職場体験ではなかったのですが、さまざまな仕事の現場に行って、働く人の話を聞く課外授業がありました。世の中にはいろんな仕事があると気づかされ、将来の職業を真剣に考えるきっかけになりましたね。

Q この仕事をめざすなら、今、何をすればいいですか？

毎日の生活の中で不便だと感じることがあれば、どんな道具があれば便利になるのか、また、どんな商品があるとおもしろいか、考える習慣を身につけるといいと思います。みんながほしいと考えるものを先読みできる力は、商品開発に必ず役立ちます。

あとは、たくさんの人にお願いごとをする仕事なので、人とコミュニケーションを取ることに慣れておくといいと思います。自分の気持ちを伝えながら、相手のことも思いやれるよう、毎日の会話を通して意識してみてください。

Q 働くことについてどう思っていましたか？

わたしにとって、いちばん身近な「働くおとな」は母でした。母は、学校の教師をしていたので、よく家でテストの採点をしていました。生徒の答案に、ただマルバツをつけるだけではなく、必ずひとりひとりにコメントを書いていましたね。わたしの担任の先生も、こうやっていねいに採点してくれているんだなと、母の姿を見ながら感動していました。放課後、おそくまで仕事をしたり、学校が休みの日も、クラブ活動を指導しに行ったりと、かなり仕事熱心な人でした。働くって大変そうだな、と思いながらも、これだけ打ちこめるものがあるってかっこいいなとも思っていました。

売れる法則がないからこそいろいろなアイデアを試すことができるんです

－ 今できること －

ふだんの暮らし

食品メーカーでの商品開発は、スーパーやコンビニなど、身近な場所で売られる商品をつくる仕事です。ふだん、ちょっとした買い物をするときも、自分がどんな理由でその商品を選んだのか、考える習慣を身につけましょう。だれもが「買いたい」と思うような商品をつくる上で、役立つ力になるでしょう。

また、商品開発は、さまざまな人に仕事をお願いする職業です。ふだんから、人に何かをお願いするときの言葉づかいや気づかいを意識しましょう。

数学 商品開発には、売り上げの予測や、予算の管理など、さまざまなデータをあつかい、分析する力も必要です。数学の勉強を通じて、数字やグラフから情報を読みとる力をつけておきましょう。

理科 食品の開発には、味やにおいを感じるメカニズムや、栄養がからだに吸収される過程についての知識が欠かせません。人体のしくみについても学んでおきましょう。

家庭科 食品を安全にあつかうポイントや、からだに必要な栄養素など、食品の開発の仕事に直接役立つさまざまな知識が学べます。

File No.28

パティシエ
Patissier

ウェスティンホテル東京
藁谷泰久さん
入社9年目 28歳

同じ4つの材料からつくるのに、全然ちがうケーキになるんです

宝石のようにきらきらして、ひと口食べるだけで、人を幸せにするケーキ。そのケーキをつくりだすのがパティシエ※です。東京の恵比寿にある、ウェスティンホテル東京でパティシエをつとめる藁谷泰久さんにお話をうかがいました。

ウェスティンホテル東京のレストラン「ザ・テラス」のデザートブッフェ。

Q どんなところがやりがいなのですか？

ぼくたちは、お客さまと接することは、ほとんどありません。でも、接客をするスタッフから「お客さまがおいしかったって喜んでいたよ！」と聞くと、とてもうれしくなります。

ぼくたちがつくるケーキははなやかですが、つくる過程では地道な作業が続きます。ケーキは温度や材料の分量をほんの少しまちがえただけでもだめなんです。毎日神経をはりつめて仕事をするので、終わったときはくたくたです。

それでもがんばれるのは、やっぱりお客さまに喜んでもらいたいからなんです。

Q パティシエとはどんな仕事ですか？

ケーキやチョコレート、クッキー、アイスクリームなど、いろいろな洋菓子をつくる仕事です。

パティシエが働くところとしては、まちの洋菓子店やレストランがありますが、ぼくがつとめているのはホテルです。

このウェスティンホテルには15人のパティシエがいて、結婚式のウェディングケーキや、パーティーのデザートなどをつくっています。また、ホテルの中のレストランやショップで出しているケーキやアイスクリームも、ぼくたちがつくったものです。

Q 仕事をする上で、大事にしていることは何ですか？

食品をつくっているので、衛生面にはとても気をつけています。ふだん調理をする厨房も、使う道具も、すべてピカピカにみがいて、清潔にしています。これはパティシエなら当たり前の心がけです。

また、ぼくたちは1日にたくさんのケーキをつくりますが、お客さまが食べるのはそのうちのひとつです。だから、どのケーキも妥協できません。「おいしかった！」と思い出に残るように、ひとつひとつ、ていねいにケーキをつくるよう心がけています。

オーブンでケーキが焼きあがるのを確認する藁谷さん。オーブンの温度や時間は、レシピごとに厳密に決まっている。

藁谷さんの1日

- 07:30 出社。前日に仕込んだケーキを、ショップの開店に間にあうよう、しあげる
- 10:30 翌日にレストランやショップに出すケーキの仕込みをする
- 13:00 順番で昼休みをとる
- 14:00 仕込んだものにラップをかけて、冷蔵庫にしまう
- 15:00 翌日のための仕込みをして、あとかたづけをする
- 16:30 退社

用語 ※パティシエ⇒フランス語で「菓子製造人」という意味。女性の場合は「パティシエール」という。

Q なぜパティシエをめざしたのですか？

　もともとは調理師志望だったのですが、通っていた調理師学校に製菓（菓子づくり）の授業もあったんです。
　そこで、ケーキもタルトもパイもみんな、卵と小麦粉、砂糖、バターからできると知っておどろきました。同じ4つの材料からつくるのに、分量や手順によって全然ちがうケーキになるんです。「魔法みたい！ ケーキってすごい！」と心から感動して、進路を変えてパティシエをめざすことにしました。

生クリームをつくる。生クリームは、泡立てる加減や温度によって、なめらかさが変わるので注意する。

Q 今までにどんな技術を身につけましたか？

　学校を卒業してすぐにウェスティンホテルに就職したのですが、初めは材料を計量することや、フルーツをきれいに切ることなど、菓子づくりの基礎をしっかり教わりました。
　簡単な作業に思えるかもしれませんが、ケーキは、材料や温度管理に少しでもくるいがあると、美しくしあがらないんです。まずは、これらの作業を正確に、すばやくできるようにならないといけません。
　それからシェフや先輩のパティシエに教えてもらいながら、バターを練ったり、粉を混ぜあわせたりと、ひとつひとつ、できる仕事を増やしていきました。

ショートケーキのスポンジにクリームをぬる。クリームの表面がなめらかになるよう、すばやくぬりひろげる。

Q 仕事をする上で、むずかしいと感じる部分はどこですか？

　ケーキづくりとは関係ないように思われるかもしれませんが、いっしょに働いている人たちと、しっかりコミュニケーションを取ることが大切です。
　ぼくたちはチームで役割分担してケーキをつくっているので、だれかが材料の分量をまちがえたら、みんなの仕事が台無しになってしまいます。1日に何種類ものケーキを大量につくるホテルでは、つくり直す時間は取れません。そのため、今は何をするべきか、どの作業を優先させるべきか、つねに確認しあう必要があるのです。
　しかし、いそがしいときほど、そういった確認をおろそかにしがちなんですね。だから、できるだけまわりをよく見て、声をかけながら仕事をするようにしています。

イチゴをひとつひとつていねいに置いていく。イチゴの厚みをそろえるのが、ケーキを美しくしあげるポイント。

Q ふだんの生活で気をつけていることはありますか？

新しいケーキ屋さんができたら、なるべく足を運んで、そのお店のケーキを食べてみるようにしています。

味はもちろん、食材選びや、デコレーションなど、ほかの人がつくったケーキからいろいろ勉強できます。また、お菓子づくりの最新情報をキャッチするために、パティシエのための月刊誌も読んでいます。

ほかのお店や雑誌で知ったお菓子づくりの技術で、自分でもやってみたいと思ったことは、仕事のあとにホテルの厨房で練習します。そうやって、少しずつでも自分のうでをみがいていきたいと思っているんです。

ラズベリーのソースをつくる藁谷さん。できあがったらすぐ氷水にあてて冷やす。「冷やしておかないとソースが傷んでしまうんです」

PICKUP ITEM

果物などを切るペティナイフ（左）と、クリームをぬるときなどに使うパレットナイフ（右）。藁谷さんが就職するときに買ったもので、それ以来、ていねいに手入れしながら使いつづけている。

・ペティナイフ・
・パレットナイフ・

Q これからどんな仕事をしていきたいですか？

パティシエには階級があります。いちばん上はシェフ（シェフ・パティシエ）です。シェフは、定番のケーキから季節の果物を使ったケーキまで、どんなお菓子を用意するのか決めて、お菓子のデザインを考えます。

その下にスー・シェフがいて、シェフを補佐しています。シェフがいないときには、スー・シェフが代わりに厨房をまとめます。その下にはシェフ・ド・パルティエ※がいて、スタッフにその日の仕事について具体的に指示を出します。

ぼくは8年目の春、ようやくシェフ・ド・パルティエになりました。まだまだ覚えることがたくさんありますが、少しずつ学んで、いつかはシェフのように、自分でメニューを考えられるようになりたいですね。

パティシエになるには……

多くの人は、高校卒業後に調理師・製菓の専門学校などで学んでから、洋菓子店、レストラン、ホテルのパティスリー（製菓）部門に就職し、技術をみがきます。なかには専門の学校で学ばずに店に就職して、現場で働きながら技術を身につける人もいます。パティシエになるために必要な資格はありませんが、菓子製造技能士や菓子衛生士の資格があると、転職や独立に有利です。

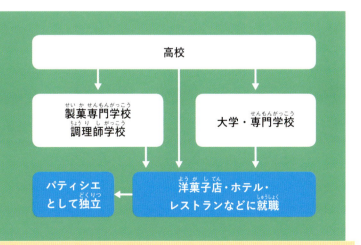

用語 ※シェフ・ド・パルティエ⇒ひとつのチームのリーダーとなるシェフ。部門シェフともいう。

> 厨房では、ずっと立ちっぱなしで作業が続いていく。

Q パティシエになるためにはどんな力が必要ですか？

つねにおいしいケーキをつくる技術と、美しくかざりつける感性が必要です。同じ種類のケーキの味がころころ変わっては困ります。でも、温度や湿度、材料は日によってちがうので、その条件の中でケーキの味を保つには、かなりの技術がいるのです。また、ケーキはいくらおいしくても、ぶかっこうでは買ってもらえません。だから、クリームやチョコレート、フルーツを効果的に使って、美しくデコレーションする感性がとても大事なんです。

もうひとつ、忘れてはならないのが体力です。パティシエは、1日中、立って仕事をします。粉や砂糖が入った重い袋を運ぶこともあります。だから、体力がないと続けられません。

藁谷さんの夢ルート

小学校 ▶ 調理師

自分で料理して家族に食べてもらったら、とても喜んでくれた。それがきっかけで、調理師になりたいと思うようになった。

▼

中学校・高校 ▶ 調理師

洋食の調理師をめざしていた。

▼

調理師学校 ▶ 調理師 → パティシエ

調理の授業のほかに、製菓の授業があった。4つの材料からいろいろなケーキができることに感動して、パティシエをめざすようになった。

Q 中学生のとき、どんな子どもでしたか？

中学生のときはスポーツ少年で、野球部に入っていました。野球が得意というわけではなかったんですが、子どものころから好きだったんですね。部活は毎日あったので、中学時代はほとんど部活中心の生活をしているような感じでした。勉強はそれほど熱心にやっていませんでしたね。でも、授業はまじめに受けていました。

教科の中では英語が得意でした。外国の言葉を覚えるのが、とても楽しくて、自然に覚えられたんです。パティシエの仕事をしていると、たまに外国のお客さまにケーキの説明をすることもあるので、中学時代に覚えた英語が、今もちょっと役立っています。

中学生のころはふだん、それほど料理をしていたわけではありません。でも、母の誕生日に妹とケーキをつくったことがありました。みんなでお祝いして、とても楽しかったのをよく覚えています。当時は、まさか将来パティシエになるとは思いませんでしたね。

> 中学時代の藁谷さん。「当時から比較的几帳面でしたね」

> 中学2年生のころの藁谷さん。学校の行事で、スキー合宿に出かけたときの写真。

Q 中学のときの職場体験は、どこに行きましたか？

中学2年生のときに職場体験があって、ぼくは、ホテルのように、宴会などのもよおしに利用されている会館を選びました。今考えると、そのころからホテルのようなところで働いてみたいというあこがれがあったのかもしれませんね。

会館では、宴会の準備を手伝いました。お膳の上に、食器をきれいにならべていく仕事をしたんですが、初めは緊張してうまくできなくて、お皿を落としそうになってしまいました。そのあとで、ホールのそうじなどもしました。

Q 職場体験では、どんな印象をもちましたか？

職場体験で知ったのは、会館で働いている人たちが、お客さんのことを考えながら、いろいろな仕事をしているということでした。お客さんが気持ちよく利用できるように、ていねいな言葉づかいで話したり、ホールをきれいにしたりしているというのは、自分が客のときは気づいていなかったんです。

2日間、けっこう大変でしたけど、ぼくはそのころ調理師をめざしていたので、配膳の仕方などを覚えることができて、おもしろかったです。でも、それと同時に、おとなになって働くのは大変だなあとも思いましたね。

Q この仕事をめざすなら、今、何をすべきですか？

テレビでは、いろいろな料理番組をやっていますよね。それを観ておくと、調理のコツなどが覚えられて、将来、役立つと思います。できれば、簡単な料理ではなく、比較的手間のかかる料理で、つくりあげていくまでの手順と、完成したときの感動を知ってほしいですね。

それから、さっきもお話した通り、ケーキは美しさがとても大切です。今からきれいな景色や絵などをたくさん観て、感性をみがいておくといいですよ。

もちろん、体力もしっかりつけて、りっぱなパティシエをめざしてください。

お客さまが食べるケーキはひとつ だからどのケーキも妥協できない

- 今できること -

ふだんの暮らし

パティシエは、味の微妙なちがいを感じとれなくてはいけません。食事のときは、好ききらいをせず、いろいろな食材の味を感じながら食べるとよいでしょう。旬の食材を使ったお菓子をつくることもあるので、季節の果物のおいしさを知っておくことも大切です。

また、お菓子づくりに「おおざっぱ」は禁物です。材料の分量も、温度や時間も、正確にはからなければ、ケーキはできあがりません。決められた数字の通りにきっちりはかる几帳面さを身につけましょう。

 数学 人数分の材料を計量するなど、菓子づくりに計算はつきもの。すばやく正確に計算できるようになりましょう。

 理科 人間のからだの仕組みや、必要な栄養についてしっかり理解しておきましょう。また、熱と圧力や、物質の化学変化などの知識も菓子づくりに役立ちます。

 美術 美しい絵画などをたくさん観て、感性をみがきましょう。菓子のデザインを考えるとき、芸術的センスが必要となります。

 家庭科 食べ物の栄養や、旬について学べます。また調理実習では、ほかの人と協力して、調理をスムーズに進められるよう、意識して取りくみましょう。

File No.29

フードコーディネーター

Food Coordinator

北嶋佳奈さん
29歳

おいしくて、元気になれるそんな料理を紹介します

料理のレシピを考えたり、料理がおいしく見える食器を用意したり、料理教室を開いたりと、「食べること」のあらゆる場面に関わるフードコーディネーター。レシピ本やブログで、おいしくて健康によい料理を提案している北嶋佳奈さんにお話をうかがいました。

Q フードコーディネーターとはどんな仕事ですか？

食品メーカーの商品開発に参加したり、レストランのメニューづくりをしたり、雑誌やテレビの料理撮影に協力したりと、「食」に総合的に関わる仕事です。

わたしはレシピ本の執筆のほか、テレビやインターネットでレシピを紹介したり、料理のイベントに出演したりしています。フードコーディネーターの資格に加えて、管理栄養士の資格ももっているので、それを活かして、おいしいだけではなく、健康を考えたレシピを提案しています。

レシピは、自宅で試作をくりかえして、考える。

Q 仕事をする上で、どんな工夫をしていますか？

自分に何を求められているのかをよく考えて、仕事をするようにしています。いそがしくて時間がない人のためのつくりおきレシピを求められることもあれば、管理栄養士として健康を重視したレシピが求められることもあります。求められているものにきちんと応えられないと、次の仕事がなくなってしまいます。

仕事を依頼してくれた出版社やテレビ局のねらいを考えることはもちろんですが、その本や雑誌を読んだり、番組を観たりする人たち、つまり実際に料理をつくる人たちを思いえがいて仕事をしています。

レシピ本の編集者と打ち合わせ。要望をきちんと聞いて、レシピを考え、撮影の段取りを相談する。

Q どんなところがやりがいなのですか？

レシピをまとめた本が完成したときや、話題になったときは、やはりうれしいです。でもいちばんうれしいのは、わたしのレシピを見てくれた人が自分でつくってくれることですね。「つくってみたよ」とか「おいしかった！またつくります」というコメントをもらえると、本当にうれしくなります。

食事は、生きていくために欠かせないものですよね。わたしのレシピを見て料理してくれる人や、それを食べて喜んでくれる人がいるということは、わたしの料理がその人たちの生活の一部になっているということじゃないですか。それが実感できたとき、この仕事のやりがいを強く感じます。

北嶋さんの1日

- 10:00 スタジオで雑誌やテレビの撮影
- 12:00 ランチ。撮影用につくった料理を食べるときもある
- 13:00 ふたたび撮影
- 16:30 レシピ本やイベントの打ち合わせ
- 18:30 帰宅
- 19:00 本やネットにのせるコラムの原稿のチェックなど、デスクワークをこなす
- 20:00 愛猫と遊んだり、走ったりする。レシピの研究をすることもある

Q なぜ管理栄養士の資格を取ったのですか？

高校生のときは化学が好きで、その知識を活かせる進路を探していました。そんなとき、管理栄養士の仕事を見つけました。食べたものがからだの中で化学反応を起こして、人が元気になったり病気になったりすることに興味をもったのです。

それで、進学した大学で管理栄養士になるための勉強をしました。そのときは食育に興味があって、将来は保育園で献立をつくったりしたいと考えていました。

Q なぜフードコーディネーターをめざすようになったのですか？

管理栄養士になるための授業は実験や栄養の勉強ばかりで、料理はほとんど学びません。そんななか、病気の人の栄養指導も大事だけど、病気になる前にどうにかできないだろうかと思うようになりました。ふだんからおいしくて、からだによいものを食べていれば、病気にもなりにくいはずです。そう考えていると、「料理のできない管理栄養士でいいのかな？」という疑問がわいてきたんです。

それで、おいしい料理をつくれる管理栄養士になりたいと思い、フードコーディネーターや調理の勉強を始めました。大学在学中にフードコーディネーターの学校にも通い、カフェのアルバイトでは実際に調理もしていたのですが、3つをこなすのは大変でした。

たくさんの食材を前に、組み合わせを考える。

Q 仕事をする上で、むずかしいと感じる部分はどこですか？

わたしは会社に所属せず、フリーの立場で仕事をしています。自由に仕事を選べますが、収入が安定しないのがむずかしいところです。でもその分、緊張感をもって仕事ができると前向きにとらえています。

もうひとつむずかしいと感じるのは、レシピが思いつかないときがあることです。毎日レシピを考えているのですが、どうしても新しいレシピが出てこないときがあります。そんなときは、いろいろな本を見てヒントを探します。それでもだめなら、思いきってその日は考えるのをやめてしまいます。次の日になると、ふっと思いつくことも多いんですよ。

北嶋さんが出したレシピ本。おいしくて、からだにもよいように、北嶋さんの創意工夫がつまったレシピがたくさんのっている。

10代の女の子向けの雑誌にのせたレシピ。市販のお菓子を使って、簡単にかわいくしあげられるよう、工夫した。

Q ふだんの生活で気をつけていることはありますか？

からだをこわしたり、太ったりしないように心がけています。わたしが病気でたおれても、代わりに仕事をしてくれる人はいませんし、健康にいい食事をつくりたいと言っている人が太っていたら、説得力がないですよね。

運動をすることもありますが、食事でからだを管理する方が楽なんですよ。例えば、体重を1kgへらしたいなら、30分くらいのジョギングを5日間やらなくてはいけません。これはけっこう大変です。でも、ご飯なら1日に100gへらすだけですみます。だいたいコンビニのおにぎり1個分です。

カロリーだけの話なので、完全にいっしょとはいえませんが、ふだんの食事がどれだけ大事なのか、こうしてみるとよくわかりますよね。

Q これからどんな仕事をしていきたいですか？

海外に日本の家庭料理を紹介したいです。そのままでは外国の人の口に合わないものもあるかもしれませんが、うまくアレンジすれば、受け入れられると思うのです。いずれはレシピ本などの形にできたらと考えていますが、その前に英語の勉強が必要ですね……。

今、わたしが注目しているのは、伝統的な発酵食品です。みそや、ぬかづけ、麹、甘酒など、日本にはすばらしい発酵食品の文化があります。わたしも、みそづくりにチャレンジしています。手づくりのみそでつくるみそ汁は、とてもおいしいんですよ。発酵食品は、おいしくて健康にもいいので、わたしの考えとも合っているんです。

● 包丁

PICKUP ITEM

仕事道具の包丁。フードコーディネーターの仕事を始めたときに母親からプレゼントされたもの。手入れをしながら大事に使っている。

発酵食品について学ぶため、みそづくりにチャレンジ。大豆、米麹、塩のシンプルな材料からおいしいみそができる。

フードコーディネーターになるには……

フードコーディネーターをめざす人の多くは、高校卒業後、大学または専門学校で料理や栄養、フードビジネスについて勉強したのち、フードコーディネーターに弟子入りして経験を積みます。資格がなくても仕事をすることはできますが、栄養士や調理師の免許をもっていると就職先が広がります。また、日本フードコーディネーター協会が認定する資格もあります。

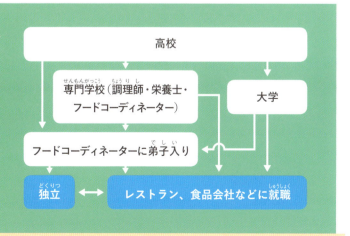

Q フードコーディネーターになるにはどんな力が必要ですか？

とにかく、体当たり精神やガッツが必要ですね。おいしい料理をつくるのはもちろん、WEBサイトや出版社などのメディアに自分を売りこむことも大切な仕事です。わたしも仕事をもらうために、自分から積極的に売りこみました。

初めは実績がないので、仕事は全然入ってきませんでした。新人のわたしよりも、有名なフードコーディネーターに仕事が集まるのは当然です。でも、行動しなくては始まらないので、まずは自分のブログをつくりました。

そして、ダイエットの情報を出しているWEBサイトなどに「レシピをのせませんか？」と連絡してみたんです。それでレシピを掲載させてもらいました。少しずつ実績をつくって、それをブログで紹介していったら、ほかの仕事の依頼も来るようになりました。いつもプラス思考で、小さな目標を積みかさねていけば、大きな目標も達成できると思います。

ブログやSNSで情報を発信することも大事な仕事のひとつ。それを見て仕事を依頼してくる人も多いそう。

Q 中学生のとき、どんな子どもでしたか？

3歳から中学校卒業までピアノを習っていました。中学校では吹奏楽部に入ってサックスを吹き、副部長もつとめました。音楽の先生になりたいと思っていた時期もあるんです。このころは食べ物関連の仕事に就くなんて、想像もつきませんでした。

高校では、音楽の代わりに化学に熱中しました。化学式がパズルみたいでおもしろかったんです。花火に色をつけるために利用される、炎色反応の実験が楽しかったですね。

はまり性なので、興味のもち方はかなりかたよっていたかもしれません。とにかく、やりたいことをやりきらないと気がすまないタイプでしたね。でも今となってはよかったと思います。「あれもこれもバランスよく」という考えだと、今の仕事は見つけられなかったかもしれませんから。

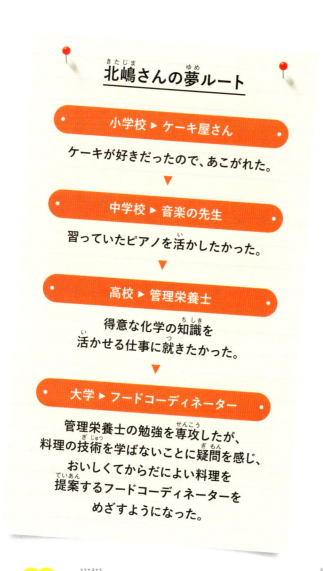

北嶋さんの夢ルート

- **小学校 ▶ ケーキ屋さん**
  ケーキが好きだったので、あこがれた。
- **中学校 ▶ 音楽の先生**
  習っていたピアノを活かしたかった。
- **高校 ▶ 管理栄養士**
  得意な化学の知識を活かせる仕事に就きたかった。
- **大学 ▶ フードコーディネーター**
  管理栄養士の勉強を専攻したが、料理の技術を学ばないことに疑問を感じ、おいしくてからだによい料理を提案するフードコーディネーターをめざすようになった。

Q 中学のときの職場体験は、どこに行きましたか？

中学1年生のときは、映画づくりの現場へ行きました。働くというよりは見学でしたが、いつもは画面で観ているものが、実際に目の前でつくられていて感激しました。

中学2年生のときは、コンビニエンスストアで働きました。制服を着て、レジ打ちをしたり、商品をたなにならべるのを手伝ったりしたんです。お客さんの前に立って働くことは初めてだったので、とても緊張したことを覚えています。

用語 ※ SNS ⇒ ソーシャル・ネットワーキング・サービスの略。インターネット上で、人と人とが写真や文章などの情報をやりとりする。TwitterやFacebook、Instagramなどがある。

Q 職場体験では、どんな印象をもちましたか？

いつもはお客さんとして行くコンビニも、店員という立場で見ると新鮮でした。初めは大きな声で「いらっしゃいませ」と言うのがはずかしかったですね。

レジでお客さんへの対応をしたのは少しだけだったんですが、お金をあつかうので、ずっと緊張していました。そのあとは商品をならべたり、そうじをしたりと、とにかく仕事が多かったので疲れました。

でも、こうやってがんばって働いている人がいるから、わたしたちはいつでも映画を楽しんだり、コンビニを利用したりすることができるんだということに気づきました。ふだん何気なく観ているものや利用している場所は、たくさんの人が関わり、働いているおかげで成りたっていることが、わかったんです。

Q この仕事をめざすなら、今、何をすればいいですか？

いろいろなレシピを見て料理の練習をするのも大切ですが、まずは家で料理のお手伝いをしてみましょう。いわゆる「母の味」はおとなになるとなかなか学びにくいものです。わたしは今でも母に「この下処理はどうやるの？」とか「この食材は何？」とあれこれ聞いています。

学校の勉強はしっかりやっておきましょう。今は意味がないと感じるようなことが、自分の将来を広げてくれるかもしれません。わたしも、ただ好きだから化学を勉強していたのですが、それがこんな形で今の仕事につながってくるとは思ってもいませんでした。

中学時代の北嶋さん。「吹奏楽部は少人数で、友だちが部長だったので副部長をつとめました」

わたしのレシピを見て実際につくってもらえるのがいちばんうれしい

－ 今できること －

ふだんの暮らし

フードコーディネーターは、単に料理を出すのではなく、それを楽しんで食べられる場所や時間をつくりあげる仕事です。家ではなるべく手伝いをして、料理をつくるのはもちろん、どの食器にどう盛りつけると料理がおいしく見えるかなどを研究しておきましょう。外食するときにも、テーブルのかざり方や食器をよく見ておくと勉強になります。

また、料理の撮影に立ちあう機会が多いので、カメラの知識をもっておくと、役に立ちます。

 理科 フードコーディネーターの資格と合わせて取ると有効な管理栄養士には、人体や、化学の知識が必要です。理科の勉強はその基礎になります。

 美術 料理の盛りつけでは色づかいや配置のセンスが不可欠。美しい作品を鑑賞して、センスをみがいておきましょう。雑誌の撮影や、レストランのプロデュースなどでは、食器やインテリアに関しても意見が求められます。

 家庭科 調理の技術、栄養の知識が学べます。また、準備やあとかたづけも家庭科の大切な内容です。将来に直結するので、積極的に取りくみましょう。授業で習ったことを、ふだん家で実践するとより効果的です。

File No.30

農家
Farmer

在来農場
寺尾卓也さん
就農4年目 29歳

食べた人が
ときめきを
感じるような野菜を
つくりたい

わたしたちが毎日食べている米や野菜、果物などを、雨の日も風の日も大事に育てているのは農家の人たちです。その仕事はどんなものなのでしょうか？無農薬・無化学肥料・固定種※にこだわって野菜を育てている寺尾卓也さんにお話をうかがいました。

Q 農家とはどんな仕事ですか？

野菜や、米などの穀物を育てて、出荷する仕事です。ただ、ひと口に「農家」といっても、仕事の内容はどの作物をどのように育てるかによって千差万別です。

ぼくは、友だちとふたりでつくった会社で農場を運営していて、無農薬・無化学肥料・固定種にこだわった野菜をつくっています。固定種というのは、昔から代々受けつがれてきた種のことです。普通の農家が使う種は、一代限りのF1種といって、種を取ることができないんです。固定種の種だと、形はバラバラですが、生命力が強く、おいしい野菜ができます。農薬や化学肥料を使わないのは、微生物が活発に活動しているよい土があれば、どちらもいらないからです。野菜が元気に育つ環境をつくることが大切なんです。

管理機で畑の除草作業をする寺尾さん。仕事は手作業が多く、大型の農機具は使わない。

寺尾さんが育てた固定種のクロモチトウモロコシからとった種。

Q どんなところがやりがいなのですか？

野菜をつくればつくるほど、「次はもっと健康に育てたい」「もっとおいしく育てたい」と、目標が生まれます。満足することがないのが、農業のおもしろさであり、やりがいですね。

おいしい野菜ができるかどうかは、気候や土の状態によって左右される部分も大きいんです。だから「今年の野菜は完璧だな」と思えたことがまだありません。まだまだ、理想を追いもとめたいですね。

ぼくたちの会社はレストランも経営していて、農場で育てた野菜を使った料理を出しています。それを食べたお客さまが「おいしい！」と言ってくれると、とてもうれしいです。自分たちの野菜を楽しみに待っていてくれる人がいることは、日々のやりがいになっていますね。

寺尾さんが育てた野菜でつくった料理が食べられるレストラン「WE ARE THE FARM」。

寺尾さんの1日

- 04:00　デスクワーク。レストランから送られてくる野菜の注文数の確認や出荷伝票の集計などをする
- 05:00　畑に出て野菜の収穫作業を行う
- 08:00　畑で朝ご飯。そのあと作業。昼ごろまでスタッフが手伝ってくれる
- 12:00　ランチ
- 13:00　レストランをまわり、野菜を納品する
- 15:00　きりのよいところで休憩を取りつつ、畑で種まきや苗の植えつけ、雑草取りなど、日が暮れるまで作業する

用語　※固定種 ⇒ 何代にもわたり地域の環境に適応してきた種。異なる性質の種を交配した一代限りの種はF1種とよばれる。

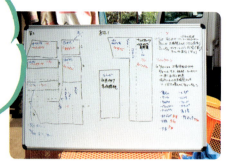

事務所のホワイトボードには、その日の天候やスケジュール、どの畑で何を育てているかなどが書いてある。

Q 仕事をする上で、大事にしていることは何ですか？

野菜づくりで失敗することがあっても、それを天気や野菜のせいにしないことです。

農業をやっているとわかるのですが、野菜はいつもそれぞれの環境で「生きよう」とベストを尽くしています。それに、ぼくたちが育てている固定種の野菜は、冷夏や干ばつなど、さまざまな環境でも生きぬいてきた祖先のたくましいDNAを受けついでいます。だから「雨が足りなかったから」とか「この野菜は土地に合っていなかったから」などという言い訳をしてはいけないと思うんです。うまくいかないときは、ぼくたちの力が足りないんです。だから、もっともっと経験を積んで、どんな状況でも野菜をおいしく健康に育てられるような知識と技術を身につけたいです。

Q なぜこの仕事をめざしたのですか？

小さいころに近所の畑で丸かじりしたトマトやキュウリのおいしさが、強く記憶に残っていたからです。ぼくは人一倍、食いしん坊なんですよね。

子どものときは、農家の仕事はつらいというイメージがあって、やりたくないと思っていました。でも、大学時代に1年ほどカナダに留学したとき、日本の自然や、農作物の魅力を改めて実感したんです。子どものころ、とれたての野菜を口にしたときに感じた"ときめき"。それをもう一度味わえるような、そして人にも味わってもらえるような農業をやりたいと思うようになりました。

高校時代の同級生が料理人をやっていて、いつか独立したいと話していたので、じゃあいっしょに仕事をしようという話になり、農業とレストランを経営する今の会社をつくることになりました。

Q 今までにどんな仕事をしてきましたか？

留学から帰ってきたときには、農業をやろうと決めていました。大学卒業後、大阪の農業法人で2年間働いて経験を積んでから地元の静岡にもどり、一般企業で1年間働いてお金をためました。農家の仕事を始めるための準備です。

そのあと、いろいろな地域を見てまわって、千葉県で農業を始めることにしました。野菜をたくさん消費する東京に近いのに、広い土地が安く手に入るからです。そして、この土地の野菜づくりを知るために、同じ地域の有機農家さんのところに1年間住みこんで手伝いをさせてもらい、それから独立しました。

Q 仕事をする上で、むずかしいと感じる部分はどこですか？

毎日、ささいな変化を見のがさないことです。

野菜によっては、畑の土づくりに半年、そして種まきから1年で収穫、というものもあります。そんなに長い時間をかけて育ててきたのに、小さな害虫がいるのをちょっと見のがしただけで、野菜がだめになってしまうこともあるんです。

日々集中して、細かいことにも気をつけて仕事をしていますが、どうしても思い通りにいかないことはあります。むずかしいし、きびしいですが、思い通りにいかない状況と向きあうことが、自分の成長につながっているとも感じています。

寺尾さんが初めてもった畑。ここで、農家としての第一歩をふみだした。今では14面の畑で野菜などを栽培する。

Q ふだんの生活で気をつけていることはありますか？

気象情報をしっかりチェックすることです。台風でせっかく育てた野菜がだめになってしまうようなこともある仕事ですから、ぼくたちにとって天気はとても重要なことなんです。台風が接近してくると、野菜を守る準備のために徹夜をすることもあります。

体調管理にも気をつけています。収穫や種まきなど、絶対タイミングをずらせない作業があるんです。もし、それらがおくれると、取りかえしのつかない損失になってしまいます。

PICKUP ITEM

天候によって仕事の内容を変える必要があるので、気象情報はスマートフォンでこまめに確認。収穫できる野菜について、レストランと連絡を取るときにも使う。腕時計は、どろや土がついてもこわれない、じょうぶなつくりのものを愛用している。

・スマートフォン・
・腕時計・

Q これからどんな仕事をしていきたいですか？

ぼくのように、ゼロから農業を始めるのはとても大変です。でもぼくは、若い農家がもっと増えてほしいんです。だから、新しく農業を始める人の負担が軽くなるように、新規就農者どうしで農機具や販売先などを共有するような取り組みができればいいなと思っています。

また、ぼくたちはレストランでお客さんの声を直接聞くことができるので、その強みを活かして、野菜で人を喜ばせる仕事をつくっていきたいです。例えば、しぼりたての新鮮なニンジンジュースを安く売るスタンドとか、牧草の質にこだわって牛を育て、焼き肉店をやるとか。会社の仲間たちといろいろなアイデアを出しあっています。

農家が自分たちの仕事に誇りをもてて、収入が増えれば、みんながもっとこの仕事をやりたくなるんじゃないかと思うんですよ。

寺尾さんが育てた大きなトウガン。レストランに出荷するときは、野菜がおいしく食べられるメニューも提案。

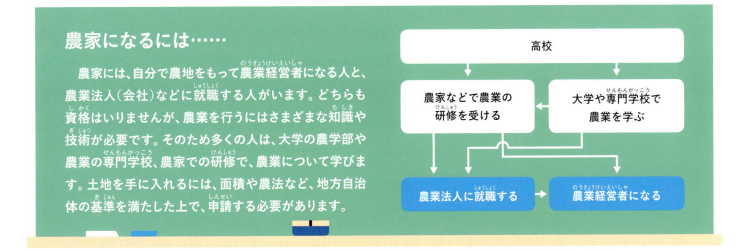

農家になるには……

農家には、自分で農地をもって農業経営者になる人と、農業法人（会社）などに就職する人がいます。どちらも資格はいりませんが、農業を行うにはさまざまな知識や技術が必要です。そのため多くの人は、大学の農学部や農業の専門学校、農家での研修で、農業について学びます。土地を手に入れるには、面積や農法など、地方自治体の基準を満たした上で、申請する必要があります。

```
                    高校
                  ↙      ↘
    農家などで農業の      大学や専門学校で
    研修を受ける          農業を学ぶ
           ↓    ↓         ↓
    農業法人に就職する  →  農業経営者になる
```

Q 農家になるためには どんな力が必要ですか？

まずは、何といっても体力ですね。また、ものごとに対する観察力があると、病気を早い段階で防ぐなど、野菜をより健康に育てることができます。その場合も、ようすをながめて観察するというより、「どうしてだろう？」と疑問に思ったらすぐに、野菜を根っこごと掘りだして探ってしまうくらいの貪欲さがあるといいと思います。でも、この力は、農業をやっていくうちに自然と身につきますよ。

書斎のパソコンで帳簿*をつける寺尾さん。本棚には農業に関する本がたくさんある。

実ったゴボウから種をとる。種は、トゲトゲした実の中に入っている。

Q どんな子ども時代を過ごしましたか？

ぼくの実家は静岡にあるんですが、小学校のとき、三重にある寮から学校に通っていたんです。そこでは、農作業もしていました。当時のぼくにとっては、農作業はつらいもので、ちっとも好きではなかったです。

そこの寮では、お菓子のたぐいは一切食べちゃいけなかったんですね。でもときどき、トマト畑やモモ園に先生が連れていってくれて、おなかいっぱい食べることができたんです。それが、すごくおいしかったですね。

そのほかにも、畑に自分で落花生を植えて、たき火して焼いて食べたのも、おいしかった思い出があります。

中学校は地元の静岡にもどって、柔道部の活動を熱心にやっていました。学校以外でも、高校の柔道部や道場に通って年上の人と練習していました。

勉強では国語と社会が得意だったので、親や先生からはそちらをのばすような期待をかけてもらっていたのですが、将来のことはあまり考えていませんでした。進学に関しては、地元の静岡から出てみたいという気持ちがあって、京都の高校に行きました。

寺尾さんの夢ルート

小学校 ▶ 新聞記者か学者

国語が得意で、文章を書く仕事に就こうかと考えていた。

▼

中学校・高校 ▶ とくになし

中学時代は部活に夢中で、将来のことはあまり考えていなかった。高校時代は、自分が将来何をしたいのか考えていた。

▼

大学 ▶ 農家

交換留学でカナダへ行き、日本の風土や農作物の魅力を再発見。農家になろうと決意する。

中学生のときは、毎日、柔道の練習に明けくれた。そのかいあって、中学2年生で黒帯を取得。

用語 ※ 帳簿 ⇒ 取り引きを記録するもののこと。仕入れにかかった金額や、売り上げなどをまとめる。

Q 中学のときの職場体験は、どこに行きましたか？

友だち数人といっしょに、道路標示の線を引く会社に行きました。作業員の人たちに現場へ連れていってもらい、作業を見学したんです。

作業員さんが「おまえたちもやってみろ」と言ってくれて、ぼくたちも実際に白線を1本引かせてもらいました。まっすぐ引かなければいけないので緊張しましたが、意外と上手に引けたのを覚えています。

Q 職場体験では、どんな印象をもちましたか？

職場体験で行く仕事場にはいくつかの選択肢があったのですが、人気のある職業は抽選になるので、あえてめずらしい仕事を選びました。

職場体験のあとは、道路に線が引かれているのを見ると、だれかがその線を引く仕事をしているんだなと実感するようになりました。よく考えたら当たり前なんですが、それまでは、そんなことすら気がつかなかったんです。
「世の中にはこんな仕事もあるんだなぁ」と思いましたし、自分が知らないだけで、世間はいろいろな人の仕事で成りたっているんだと知るいい機会になりました。ぼくたちの仕事も中学生に知ってもらいたいと、今思いますね。

Q この仕事をめざすなら、今、何をすればいいですか？

どうして農家になりたいのか、農業の何に自分がときめくのかを考えてみてください。自然が好きなのか、野菜が好きなのか……それが、ヒントになると思います。

ぼくの場合は、食べることが好きだというのが、農家をめざす理由でした。だから、おいしいものを食べるためにお金をためたり、海外まで行ったりしていました。

好きなことを見つけたら、その世界に飛びこんで、思いきり楽しんでください。そういう経験が、人生の道しるべになってくれると思うんです。それに、志をもった若い人には、みんな親切にしてくれますよ。

満足することがないのが農業のおもしろさでありやりがいです

－今できること－

ふだんの暮らし

農家の仕事をするためには、健康なからだと体力が必要です。毎日きちんと食事をして、規則正しい生活を心がけましょう。また、部活や趣味でスポーツに取りくめば、体力をつけることができます。

農業では、土や天候、作物の病気をはじめ、いろいろなことに気を配らなければなりません。今から、家庭などで野菜や果物を育てて、経験を積んでおくとよいでしょう。また、お店に行ったときは、野菜などの値段がどう変化するか見ておくと、将来、役に立ちます。

社会 現代の農家には、農作物をつくるだけではなく、それを上手に売る力も求められてきています。流通のしくみや、価格の変化について学んでおくと役に立ちます。

数学 農家の経営はもちろん、肥料の配合などでも、数字に慣れておくと便利です。

理科 農業では、植物のしくみやはたらき、天気の変化、温度と湿度など、さまざまな理科の知識が必要になります。しっかり身につけておきましょう。植物の栽培は農業につながる学習となります。

体育 体力がないと、農家の仕事はつとまりません。今から体力づくりをしておきましょう。

仕事のつながりがわかる

フードの仕事 関連マップ

レストランの場合

ここまで紹介したフードの仕事が、それぞれどう関連しているのか、レストランを例に見てみましょう。

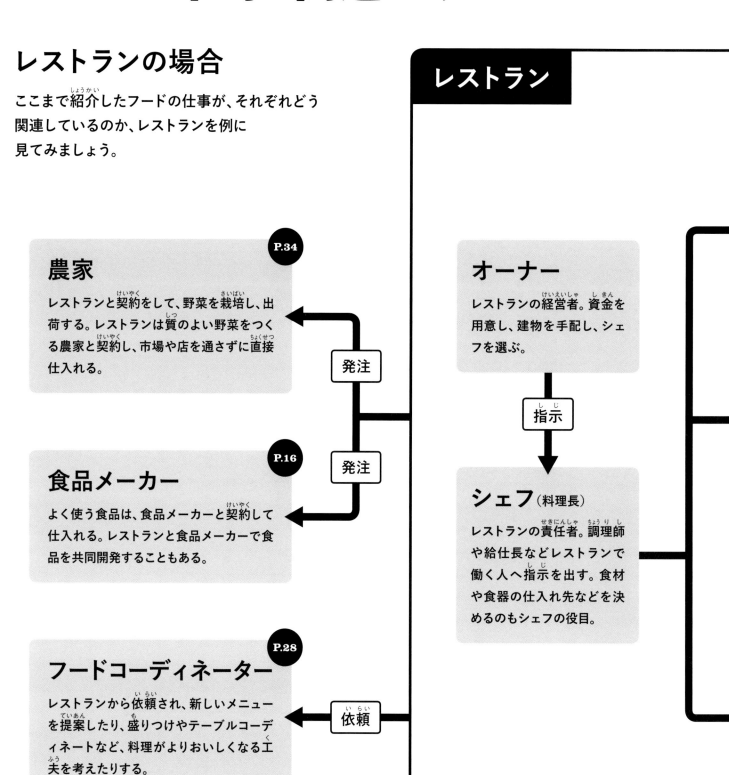

レストラン

農家 P.34
レストランと契約をして、野菜を栽培し、出荷する。レストランは質のよい野菜をつくる農家と契約し、市場や店を通さずに直接仕入れる。

食品メーカー P.16
よく使う食品は、食品メーカーと契約して仕入れる。レストランと食品メーカーで食品を共同開発することもある。

フードコーディネーター P.28
レストランから依頼され、新しいメニューを提案したり、盛りつけやテーブルコーディネートなど、料理がよりおいしくなる工夫を考えたりする。

オーナー
レストランの経営者。資金を用意し、建物を手配し、シェフを選ぶ。

シェフ（料理長）
レストランの責任者。調理師や給仕長などレストランで働く人へ指示を出す。食材や食器の仕入れ先などを決めるのもシェフの役目。

発注／発注／依頼／指示

※このページの内容は一例です。会社によって、仕事の分担や、役職名は大きく異なります。

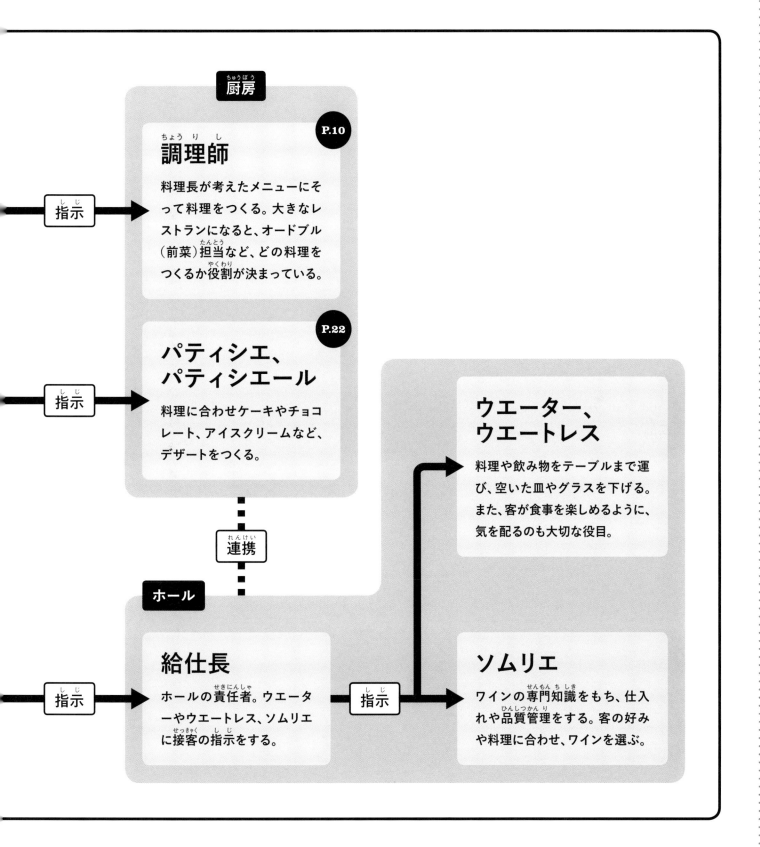

これからのキャリア教育に必要な視点 5
食は科学である

▶ 農家もパティシエも科学している!?

最近のフード業界を見て、わたしが感じているのは「食は科学である」ということです。

例えば、農業は一見、科学とは関係ないように見えるかもしれません。たしかに、昔の農業は、この時期は種まきをする、肥料をあたえるなどと、家族から農家としての経験に基づいたアドバイスを受け、作業を行ってきました。

しかし、この本に出てくる農家の人は、家業を継いだのではなく、自ら農家になりました。自分なりに研究を重ね、土や肥料、種の種類などにとことんこだわっています。そして、思考錯誤をくりかえしながら、おいしくて安全な作物を育てているのです。このような人が出てきたということは、農業は経験や伝統に頼る時代から、科学する時代に変わりつつあると言えるのではないでしょうか。

同じことはパティシエにも言えます。本の中でパティシエの人が言っているように、洋菓子の材料は基本的に卵と小麦粉、砂糖、バターです。それらをどんな手順で、どのくらいの量を使い、どんなふうに合わせていくかで、ケーキになったり、タルトやパイになったりします。もしもレシピ通りにきちんと材料をはかって入れなかったら、売り物にならなくなってしまいます。反対に、ほんのわずかの分量のちがいでも、とてもおいしいものができるわけです。パティシエの仕事も、やはり科学的だと言えるでしょう。

今、国や企業は理工系の人材の育成に力を入れています。それは、この国が今後も成長を続けていくにはイノベーション（新しい方法や工夫）が必要であり、それをつくりだせるような人材を育てるためです。つまり、科学的な考え方こそ、社会が求めているものなのです。フードの仕事に進む人はそもそも食べることや料理をすることが好きだったはずです。そのような動機を大事にしながらも、科学的な視点をもって仕事に取りくむことの重要性を、キャリア教育の中では、伝えていく必要があるように思います。そのことがそれぞれの仕事を発展させていくのです。

OECD 生徒の学習到達度調査（PISA2018）

PISA2018は、2018年に78か国、約60万人の15歳の生徒を対象に実施された。科学的リテラシーなどを調査した。
科学的リテラシーとは、科学的知識を使って、課題を、証拠に基づいて解決していく能力。日本はつねに上位に位置し、2018年は5位だった。

	2003年調査	2006年調査	2009年調査	2012年調査	2015年調査	2018年調査
日本の得点（600点満点）	548点	531点	539点	547点	538点	529点
全参加国中の順位	2位／41か国	6位／57か国	5位／65か国	4位／65か国	2位／70か国	5位／78か国

出典：『OECD 生徒の学習到達度調査〜2015年調査国際結果の要約〜』文部科学省／国立教育政策研究所（2019年）

滋賀県の長浜バイオ大学では、理系の人材育成の一環として、学内にある小中学生向けの「長浜学びの実験室」で理科実験授業を行っている。

▶ フードの仕事は〇〇職人だけではない

ひと昔前は、代表的なフードの仕事といえば、寿司職人、洋食のコック、板前、和菓子職人などが挙げられ、「〇〇職人」をめざす人が多かったと思います。

しかし、この本には調理師だけではなく、人気のレシピサービスを運営している人、食品メーカーでお菓子の開発をしている人のほかに、フードコーディネーターの人も出てきます。現実のフード業界の仕事の範囲はもっと広く、職人的な仕事だけ取りあげたのでは、この業界を語ることにはならないのです。キャリア教育ではそのことを押さえるのと同時に、さらに仕事の内容が進化しつづけていることも生徒には知ってほしいと思います。

例えば、フードコーディネーターの仕事といえば、もともとは料理のレシピを考える、撮影のための食器や食材を用意して料理の見た目をよくするなど、どちらかといえば裏方の仕事だったのです。ところが、この本に出てくるフードコーディネーターの人はその枠を飛びだしています。ブログなどで積極的に情報を発信した結果、表現者としてレシピ本の執筆や、料理イベントへの出演などへと活躍の場を広げています。

また、先ほど紹介した農家の人は、仲間と会社をつくってレストランを経営し、自分で育てた野菜を使った料理をお客さんに提供しています。この方は農家という仕事の枠組みにとらわれず、ビジネスのセンスを発揮しています。これなどは新しい農家のスタイルだと言えるでしょう。

つまり、仕事に対して「〇〇という仕事はこういうものだ」という過去の思いこみは通用しない時代なのです。これからのキャリア教育では、指導するがわが世の中の動きにもっと敏感になる必要があるのではないでしょうか。そして、昔からある職業であっても、仕事の内容は時代の流れとともに変わっていくものであること、ひとつの仕事をきっかけに努力とセンスで可能性をどんどん広げていけることを、生徒に伝えるべきでしょう。

PROFILE

玉置 崇

岐阜聖徳学園大学教育学部教授。
愛知県小牧市の小学校を皮切りに、愛知教育大学附属名古屋中学校や小牧市立小牧中学校管理職、愛知県教育委員会海部教育事務所所長、小牧中学校校長などを経て、2015年4月から現職。数学の授業名人として知られる一方、ICT活用の分野でも手腕を発揮し、小牧市の情報環境を整備するとともに、教育システムの開発にも関わる。文部科学省「校務におけるICT活用促進事業」事業検討委員会座長をつとめる。

構成 林孝美

さくいん

あ
ＩＴエンジニア …………………………… 5, 6, 7
インターネット ……………… 4, 5, 6, 7, 8, 9, 29, 32
ウエーター、ウエートレス ………………………… 41
WEBサイト ………………………………… 32
衛生 …………………………………… 11, 23, 25
栄養 ……… 9, 11, 15, 17, 18, 19, 20, 21, 27, 30, 31, 33
栄養士 …………………………………… 19, 31
SNS ……………………………………………… 32
オードブル ………………………………… 11, 12, 41

か
開発 …………… 6, 8, 16, 17, 18, 19, 20, 21, 29, 40, 43
化学 …………………………… 27, 30, 32, 33, 34, 35
菓子衛生士 ……………………………………… 25
菓子開発者 ……………………………………… 16
菓子製造技能士 ………………………………… 25
家庭科 ……………………… 9, 15, 20, 21, 27, 33
家庭料理 ………………………………………… 31
管理栄養士 ……………………… 18, 19, 20, 29, 30, 32, 33
国際料理コンクール …………………………… 10, 12
固定種 …………………………………… 34, 35, 36

さ
シェフ …………………………………… 12, 24, 25, 40
職場体験 ………………… 9, 14, 15, 21, 27, 32, 33, 39
食品試験研究所 ………………………………… 19
食品メーカー …………… 16, 19, 20, 21, 29, 40, 43
製菓専門学校 …………………………………… 25
ソムリエ ………………………………………… 41

た
厨房 …………………………… 11, 12, 23, 25, 26, 41
調理師 ……………… 10, 11, 12, 13, 14, 15, 24, 25, 26, 27, 31, 40, 41, 43

調理師学校 …………………………… 13, 24, 25, 26
調理師試験 ……………………………………… 13
調理師免許 ………………………………… 13, 31
ディレクター …………………………………… 5, 6
デコレーション ……………………………… 25, 26
デザイナー …………………………… 17, 18, 19
デザイン …………………………… 17, 18, 19, 25, 27

な
ナイフ …………………………………… 13, 25
日本フードコーディネーター協会 ………………… 31
農家 ……………… 6, 34, 35, 36, 37, 38, 39, 40, 42, 43
農業経営者 ……………………………………… 37
農業法人 ………………………………… 36, 37

は
パッケージ ……………………………… 17, 18, 19
発酵食品 ………………………………………… 31
パティシエ、パティシエール … 22, 23, 24, 25, 26, 27, 41, 42
フードコーディネーター …… 18, 20, 28, 29, 30, 31, 32, 33, 40, 43
ブッチャー ……………………………………… 12
ブログ …………………………………… 28, 32, 43
包丁 ……………………………………… 13, 15, 31

ま
無農薬 …………………………………… 34, 35

ら
料理長 …………………………………… 11, 12, 40, 41
レシピ ………… 4, 5, 6, 9, 11, 28, 29, 30, 32, 33, 42, 43
レシピ検索 ……………………………………… 5, 6
レシピサービス ………………………… 5, 6, 7, 8, 9, 43
レシピサービス運営 …………………………… 4, 7
レシピ本 …………………………… 28, 29, 30, 31, 43
レストラン … 23, 25, 29, 31, 33, 35, 36, 37, 40, 41, 43

【取材協力】
クックパッド株式会社　https://cookpad.com/
株式会社学士会館精養軒　https://www.gakushikaikan.co.jp/
株式会社明治　https://www.meiji.co.jp/
株式会社ウェスティンホテル東京　https://www.marriott.co.jp/hotels/travel/tyowi-the-westin-tokyo/
北嶋佳奈　http://hale-aina.jp/
在来農場　https://www.zairaifarm.com/
──
荒川区立第三中学校
新宿区立四谷中学校
中村中学校

【解説】
玉置崇（岐阜聖徳学園大学教育学部教授）p42-43

【装丁・本文デザイン】
アートディレクション／尾原史和・大鹿純平
デザイン／SOUP DESIGN

【撮影】
平井伸造

【執筆】
中村結　p4-9、p34-39
宮里夢子　p16-21
林孝美　p42-43

【企画・編集】
西塔香絵・渡部のり子（小峰書店）
常松心平・安福容子・中根会美（オフィス303）

【協力】
加藤雪音
岡村虹
加藤梨子
若松志歩
柴田さな
相本乃杏

キャリア教育に活きる！
仕事ファイル5
フードの仕事

2017年 4月 5日　第1刷発行
2021年12月10日　第5刷発行

編　著　小峰書店編集部
発行者　小峰広一郎
発行所　株式会社小峰書店
　　　　〒162-0066 東京都新宿区市谷台町4-15
　　　　TEL 03-3357-3521　FAX 03-3357-1027
　　　　https://www.komineshoten.co.jp/
印　刷　株式会社精興社
製　本　株式会社松岳社

©Komineshoten
2017 Printed in Japan
NDC 366　44p　29×23cm
ISBN978-4-338-30905-9

乱丁・落丁本はお取り替えいたします。
本書の無断での複写（コピー）、上演、放送等の二次利用、翻案等は、著作権法上の例外を除き禁じられています。本書の電子データ化などの無断複製は著作権法上の例外を除き禁じられています。代行業者等の第三者による本書の電子的複製も認められておりません。

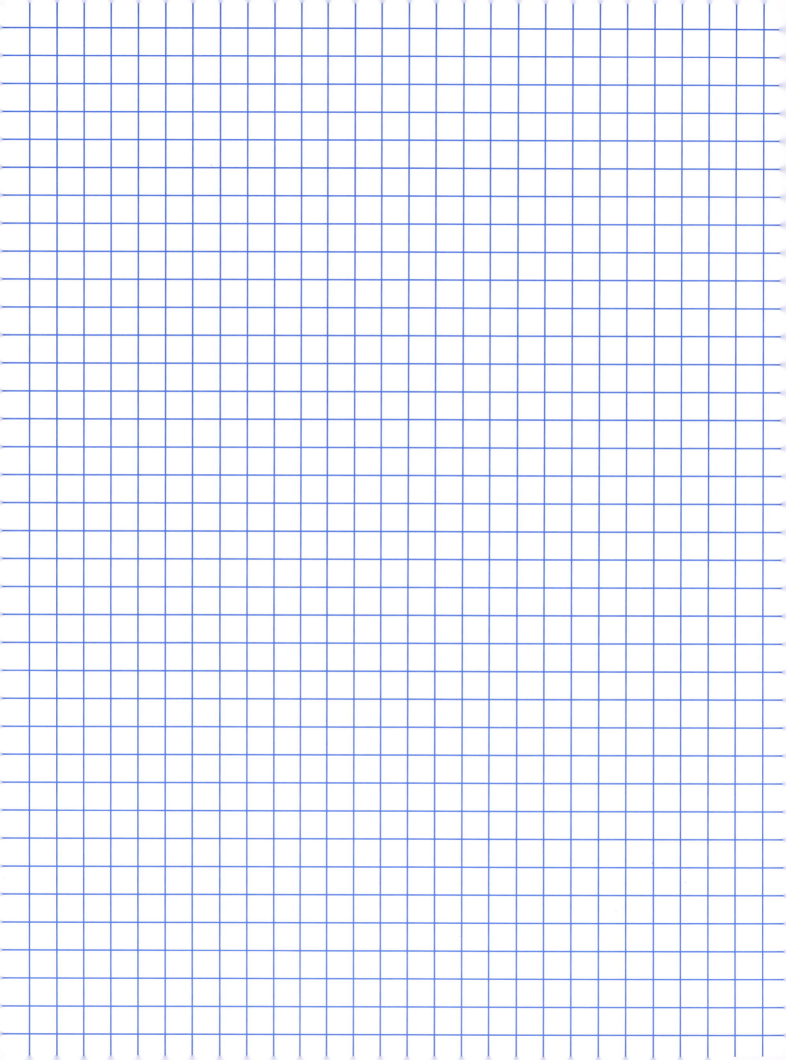